Sonntagstorten
sahnig & süß

Blank Media

Sonntagstorten

3 Sonntagstorten

02–03

Sonntagstorten

Vorwort

Sonntagstorten erleben derzeit ihr großes Comeback. Viele Familien haben die gute alte Tradition wiederentdeckt, den Sonntag mit leckeren Torten oder Kuchen zu versüßen. Doch Rezept ist nicht gleich Rezept. Denn schließlich möchte man seine Lieben nur mit wirklichen Meisterwerken verwöhnen. Mit diesen verlockenden Sonntagstorten kann jeder im Kreis seiner Familie und Freunde glänzen. Die prachtvoll anzusehenden Torten schmecken nicht nur wunderbar, dank den detaillierten Anleitungen gelingen sie auch garantiert.

Dieses Buch enthält eine vielseitige Zusammenstellung an einfachen und anspruchsvollen Tortenrezepten. Ob mit leckerem Obst, mit Quark, Sahne oder Creme, ob mit Biskuit-, Rühr- oder Knetteig – hier findet sich für jeden etwas. Ob festliche Torten für Feiertage und ausgesuchte Anlässe oder einfach rasch zubereitete Torten für einen ruhigen Nachmittag – mit diesen Rezepten sind Sie für die Tortenschlacht zu Hause, bei Freunden oder bei besonderen Festen bestens gewappnet.

Die klassischen Torten basieren heute meist auf Biskuit- oder Mürbeteig. Dabei wird meist ein dünner Mürbeteigboden zur Stabilisierung des Tortenbodens mit Schichten aus Biskuit kombiniert. Die Füllung besteht häufig aus Cremes, Sahne oder Quark, die je nach Rezept mit weiteren Zutaten wie Vanille, Kakao, Kaffee, gemahlenen Nüssen und frischen oder kandierten Früchten, sowie Marzipan und Konfitüren verfeinert wird. Dekoriert werden diese Torten je nach Wahl mit Creme oder Schlagsahne aus dem Spritzbeutel, mit zu Blättern, Blüten und anderem geformter Marzipanmasse oder Schokolade und Früchten. Einfacher sind Obsttorten, die meist aus einem Tortenboden bestehen, welcher mit frischen oder eingelegten Früchten belegt und mit Tortenguss bedeckt wird. Die in Deutschland beliebteste Obsttorte ist die Erdbeertorte, zu welcher meist Schlagsahne gereicht wird.

Süßes Gebäck wie Kuchen gibt es schon seit Getreide angebaut wird und wurde zu besonderen Gelegenheiten zubereitet, wobei die Süße zuerst vorwiegend mit Wildhonig in den Teig gebracht wurde. Doch das Wort Torte, erstmals im 14. Jh. erwähnt, bezeichnete ursprünglich aber keine süße Konditoreiware, sondern eine gefüllte Pastete, die meistens herzhaft war. Die ältesten süßen Torten, die Mandeltorte und die Linzer Torte, wurden im 17. Jahrhundert erstmals kreiert. Die meisten heute bekannten Sahne-, Schokoladen- und Cremetorten entstanden erst im 19. und 20. Jahrhundert, da die Herstellung von Schlagsahne mit einem einfachen Schneebesen, vor der Erfindung des elektrischen Handrührgerätes, sehr anstrengend war. Je besser und reichhaltiger sich die Menschen in den letzten Jahrhunderten ernähren konnten, desto ansehnlicher und köstlicher wurden auch die Torten und süßen Gebäcke. Je nach Anlass und finanziellem und sozialem Status wurden die Torten immer größer und höher. Das beste Beispiel dafür ist die Hochzeitstorte, welche bereits im Mittelalter erfunden wurde. Deren drei ursprüngliche Etagen stehen für die drei Stationen des Lebens: Geburt, Hochzeit und Tod, später kamen noch eine Etage für die Kommunion und eine Etage für den Kindersegen dazu.

Dieses Backbuch bietet viele abwechslungsreiche Rezepte für die leckersten Torten, womit Sie die Tradition der sonntäglichen Kaffeestunde wunderbar bereichern oder wieder aufleben lassen können. Die Anleitungen sind Schritt für Schritt erklärt und daher auch für Anfänger leicht nachvollziehbar. So wünschen wir Ihnen viel Spaß beim Kreieren und Genießen der köstlichen Sonntagstorten.

Ihre Redaktion

Backen leicht gemacht

Selbst zubereitete Sonntagstorten sind ein ganz besonderer Höhepunkt bei jeder Kaffeetafel. Wer seine Familie und gute Freunde zum sonntäglichen Treffen zu sich einlädt, möchte sie gerne mit etwas Außergewöhnlichem überraschen. Für alle, die Torten lieben und gerne selbst backen, enthält dieses Rezeptbuch eine abwechslungsreiche Zusammenstellung an fruchtigen, cremigen und wunderbar leicht schmeckende Sonntagstorten. Ob feine Schokotorten, Klassiker wie die weltbekannte Schwarzwälder Kirschtorte oder die Sachertorte, ausgesuchte eiskalte Köstlichkeiten für heiße Tage, Genießer-Torten mit Konfekt oder raffinierte Mini-Törtchen – für jeden Anlass finden sich passende Rezepte. Die originellen Kreationen sind ideal für den geselligen Nachmittagskaffee mit Freunden, die klassischen Entwürfe für festliche Anlässe und amüsante Dekorationsideen beeindrucken Freunde und Familie bei gemeinsamen Feiern.

Torten und Kuchen werden fälschlicherweise oft mit Backwaren gleichgesetzt, doch gibt es zwischen diesen bedeutende Unterschiede. Bei der Zubereitung eines Kuchens erfährt das Backwerk mit allen Zutaten einen abschließenden Backvorgang, welcher bei der Torte unbedingt zu vermeiden ist, weil man diese damit ruinieren würde. Torten bestehen zwar meist aus gebackenen Tortenböden, diese werden aber dann ohne abermaliges Backen weiterverarbeitet. Die zubereiteten Torten setzen sich zumeist aus mehreren übereinander gestapelten Kuchenschichten aus z. B. Biskuit- oder Mürbeteig zusammen, die anschließend mit Früchten, Cremes, Sahne, Quark, Marzipan und anderen Zusätzen gefüllt werden. Je mehr und je kalorienreicher, desto besser. Für ein anziehendes Aussehen bekommen die Torten dann meist eine Hülle aus Kuvertüre, Zuckerguss oder Marzipan und verschiedene weitere Verzierungen.

Einfache Blech- und Napfkuchen zu backen ist für viele kein Problem. Aber eine Sonntagstorte gekonnt zuzubereiten, ist etwas anspruchsvoller für die Hobbybäcker zu Hause. Biskuitboden, der mehrfach zerteilt werden soll, und sensible Gelatineblätter sind nur einige der Schwierigkeiten, die sich beim heimischen Backen auftun. Was die Großmutter noch wusste, ist in manchen Familien leider bereits in Vergessenheit geraten. Dabei sind es meist kleine, scheinbar unbedeutende Kniffe, die maßgeblich zum Gelingen köstlichen Backwerks beitragen

Wenn als Grundlage für Torten ein Biskuitboden verwendet wird, sollte beim Backen darauf geachtet werden, dass dieser schön leicht und luftig wird. Es ist wichtig, dass die Ei- und Zuckermasse lange schaumig aufgeschlagen wird. Nach und nach kommen gesiebtes Mehl und Backpulver hinzu. Auch dann muss mit dem Mixer kräftig weiter gerührt werden, denn nur aufgeschlagenes Backpulver lässt den schaumigen Teig im Ofen schön aufgehen. Nach dem Backen lässt Backpapier sich besser vom Biskuitboden lösen, wenn man den Boden nach dem Backen sofort auf ein Geschirrtuch stürzt, das Papier mit etwas kaltem Wasser bestreicht und es dann vorsichtig abzieht.

Nach dem Backen sollte der Boden gut auskühlen, damit er sich leicht schneiden oder zerteilen lässt. Das Teilen eines hohen Tortenbodens in mehrere Schichten gelingt leicht, wenn man um den Tortenboden einen Garnfaden gerade anlegt und ihn dann mit beiden Enden zusammenzieht. So erhält man glatte und gerade Schichten. Sollte der Boden beim Zerteilen doch einmal brechen, kann man ihn leicht retten, indem man die Bruchstelle mit etwas Eiweiß bestreicht und danach vorsichtig zusammendrückt. Bei einer Sahne- oder Cremetorte kann man die Brüche auch beim Verzieren mit Sahne abdecken, so dass sie für das Auge nicht mehr zu erkennen sind.

In vielen Rezeptlisten für Torten wird Blattgelatine verwendet. Eine Zutat, dessen Einsatz viele Hobbybäcker scheuen. Es passiert schnell, dass die Gelatine klumpt oder die Masse nicht richtig steif wird. Um solche Problemfälle zu vermeiden, empfiehlt es sich, nach dem Einweichen der Gelatine im Wasserbad folgendermaßen vorzugehen. Zunächst wird die Gelatine mit ein wenig geschlagener Sahne cremig verrührt, erst dann kommt diese Gelatine-Sahnemasse zur restlichen Sahne und wird gründlich mit ihr vermischt. Dadurch lassen sich Klumpen wunderbar vermeiden. Wer trotzdem lieber keine Gelatine verwenden will, kann einfach Sahnesteif verarbeiten oder zu Fertigprodukten greifen.

Einleitung

Eine Schokoladen- oder Sachertorte ist ohne eine Schokoladengussverzierung undenkbar. Doch bei der Wahl nach dem richtigen Überzug aus Schokoladen sollte man gut aufpassen und bedenken, wie jeder verarbeitet wird. Bei der Verwendung von Kuvertüre muss beachtet werden, dass diese erst bei 37 Grad schmilzt und zwischendurch abkühlen muss. Zum Auftragen muss der richtige Moment abgepasst werden. Eine einfache Kuchenglasur aus Schokolade enthält andere Fette und lässt sich einfacher verarbeiten. Herkömmliche Tafelschokolade ist als Tortenüberzug unbrauchbar, denn sie wird zu schmierig.

Wer seine Schokotorte nicht nur mit Schokoglasur verzieren will, kann sie mit einem bezaubernden Kakao- oder Puderzuckerstern zu einem kleinen Kunstwerk veredeln. Dafür verteilt man die Schokoglasur auf der Torte und lässt sie leicht antrocknen. Aus einem festen Stück Papier schneidet man derweil einen Stern aus. Je nach Wahl kann man nun den ausgeschnittenen Stern oder das Blatt mit dem sternförmigen Loch auf die noch leicht feuchte Glasur des Kuchens legen. Nun gibt man den Kakao oder Puderzucker in ein feines Sieb und bestäubt damit den Kuchen. Zum Schluss muss nur noch das Papier ganz vorsichtig entfernt werden und fertig ist der Schokosternkuchen.

Wird die verzierte Torte auf dem Kaffeetisch serviert, kommt immer der kritische Moment des Aufschneidens. Es ist sehr ärgerlich, wenn beim Versuch die Torte zu schneiden, die Nüsse, die Schokolade oder die Früchte mit der Tortenmasse nach unten zusammengedrückt werden und man seinen Gästen ein Durcheinander aus Boden, Füllung und Belag auf den Teller reicht. Um dies zu vermeiden, sollte ein sehr scharfes Messer verwendet und sorgfältig geschnitten werden. Am besten ist es, das Messer nach jedem geschnittenen Stück in warmen Wasser zu reinigen, denn so sehen die einzelnen Stücke erstklassig aus.

Möchte man eine Torte oder einen Teil einfrieren, empfiehlt es sich sie vor dem Gefrieren in einzelne Teile zu schneiden. Legt man jeweils ein Stück Pergamentpapier dazwischen, lassen sich die Tortenstücke später leichter einzeln entnehmen. Beim Einfrieren sollte man jedoch aufpassen. Fertigen Torten mit Buttercreme- oder Sahnefüllung kann der Frost nichts anhaben. Torten mit gelatine- oder eihaltigen Füllungen mögen Kälte nicht und sollten daher besser nicht eingefroren werden.

Während Kuchen überwiegend in ein bis drei Stunden zubereitet werden können, sind bei den Torten aufgrund des Arbeitsaufwandes meist schon drei Stunden anzusetzen. Spaß macht es trotzdem, sich an die Rezepte für die wohlschmeckenden Kunstwerke zu wagen, zumal es keiner besonderen Gerätschaften bedarf und die Sonntagstorten dank der ausführlichen Schritt-für-Schritt-Anleitung auch für weniger geübte Hobby-Konditoren bestens nachvollziehbar sind. Daher ist dieses Buch für alle geeignet, die ihre Familie und Freunde mit einer zauberhaften Sonntagstorte überraschen wollen, wie man sie sonst nur gekauft aus der Konditorei kennt.

8   Sonntagstorten

9 Sonntagstorten

08–09

Festliche Walnusstorte

Für 16 Stücke:

Für den Teig:
3 Eier, 150 g Zucker
3 EL Wasser
1 TL Vanillearoma
75 g Weizenmehl
75 g Speisestärke
2 gestrichene TL Backpulver
Für die Creme:
200 ml Weißwein
50 g Zucker
1 TL Vanillearoma
8 Blatt weiße Gelatine
250 g Magerquark
600 ml süße Sahne
30 g gehackte Walnusskerne
1 EL Kakaopulver
Für die Dekoration:
100 ml süße Sahne
150 g Vollmilchglasur
100 g halbe Walnusskerne
Puderzucker zum Bestäuben

1. Die Eier mit dem Zucker, dem Wasser und dem Vanillearoma in eine Schüssel geben und schaumig schlagen. Das Mehl mit der Speisestärke und dem Backpulver vermischen, auf die Eimasse sieben und unterheben.

2. Eine Springform (26 cm Durchmesser) mit Backpapier auslegen. Die Masse einfüllen, glatt streichen und im auf 180 °C vorgeheizten Backofen 30 Minuten backen.

3. Den fertig gebackenen Boden aus dem Ofen nehmen, leicht erkalten lassen und aus der Form nehmen.

4. Den Boden einmal waagerecht durchschneiden und den oberen Boden gerade schneiden. Den unteren Boden auf eine Tortenplatte setzen und mit einem Tortenring umschließen.

5. Für die Creme den Weißwein mit dem Zucker und dem Vanillearoma in einem Topf erhitzen, die gut gewässerte, ausgedrückte Gelatine darin auflösen, vom Herd nehmen und erkalten lassen.

6. Kurz vor dem Festwerden den Quark unterrühren und die geschlagene Sahne unterziehen, zum Schluss die gehackten Walnusskerne unterheben.

7. Die Hälfte der Creme auf den unteren Tortenboden geben und glatt streichen. Mit Kakaopulver bestäuben, gut ein Drittel der Creme vorsichtig darauf verstreichen. Mit dem zweiten Boden belegen und mit der restlichen Creme bestreichen.

8. Die Torte im Kühlschrank – am besten über Nacht – vollständig durchkühlen lassen. Anschließend die Torte aus dem Kühlschrank nehmen.

9. Die Sahne erwärmen und die Vollmilchglasur schmelzen lassen. Den Tortenring entfernen, die Torte auf eine Kuchenplatte setzen und mit der Schokoglasur überziehen.

10. Die Torte mit Walnusshälften garnieren, mit Puderzucker bestäuben, vollständig abtrocknen lassen und bis zum Verzehr kühl stellen.

Sonntagstorten

Sonntagstorten

Für 16 Stücke

Für den Biskuitteig:
3 Eier, 150 g Zucker
1 TL geriebene Zitronenschale
75 g Mehl, 75 g Speisestärke
2 gestrichene TL Backpulver
100 g Himbeermarmelade
Für die Creme:
400 g Milch, 2 EL Zucker
1 Päckchen Puddingpulver Vanille
500 g Trauben
Für den Baiser:
6 Eiweiß, 180 g Zucker
30 g Speisestärke
100 g Puderzucker
75 g gemahlene Mandeln
100 g Weintrauben

1. Die Eier mit dem Zucker und der Zitronenschale in einer Schüssel schaumig schlagen. Das Mehl mit der Speisestärke und dem Backpulver vermischen, auf die Eimasse sieben und unterheben.

2. Die Masse in eine, mit Backpapier ausgelegte Springform (26 cm Durchmesser) geben, glatt streichen und im auf 180 °C vorgeheizten Backofen 30 Minuten backen.

3. Den fertig gebackenen Boden aus dem Backofen nehmen, erkalten lassen, einmal waagerecht durchschneiden und den oberen Boden gerade schneiden.

4. Beide Böden mit der Himbeermarmelade bestreichen, den unteren Tortenboden auf eine Tortenplatte legen und mit einem Tortenring umschließen.

Baisertorte mit gemahlenen Mandeln

5. Aus der Milch, dem Zucker und dem Puddingpulver nach Packungsanweisung einen Pudding kochen. Die Trauben verlesen, waschen, halbieren und unter den Pudding heben.

6. Die Puddingcreme noch heiß auf die Mitte des unteren Biskuitsboden geben, mit dem 2. Boden abdecken, an den Rändern nach unten drücken, so dass eine Kuppel entsteht.

7. Die Torte im Kühlschrank – am besten über Nacht – vollständig durchkühlen lassen. Anschließend die Torte aus dem Kühlschrank nehmen und den Tortenring entfernen.

8. Die Eiweiße zu steifem Schnee schlagen. Den Zucker, die Speisestärke und den Puderzucker vermischen und langsam unter den Eischnee schlagen. Die Torte mit 2/3 des Eischnees einstreichen, den restlichen Eischnee in einen Spritzbeutel mit Sterntülle füllen und auf die Torte dressieren.

9. Die Torte in der Mitte und am Tortenrand mit den gemahlenen Mandeln bestreuen und im auf 200 °C vorgeheizten Backofen 8–10 Minuten goldbraun backen. Die Torte aus dem Backofen nehmen, mit den Weintrauben garnieren und bis zum Verzehr kühl stellen.

Nugat-Birnen-Torte

Für 16 Stücke:

1 Biskuitboden
(Fertigprodukt)
1 Dose Birnen
(460 g Abtropfgewicht)
200 g Nugat
7 Blatt weiße Gelatine
300 g Schokoladenpudding
600 ml süße Sahne

Für die Dekoration:
200 ml süße Sahne
1 Päckchen Sahnesteif
50 g Kuvertüreraspel
Nugatpralinen zum Garnieren
Kakaopulver zum Bestäuben

1. Den Tortenboden auf eine Tortenplatte legen und mit einem Tortenring umlegen.

2. Birnen abtropfen lassen. Nugat im Wasserbad schmelzen lassen. Gewässerte Gelatine ausdrücken und im Nugat auflösen. Vom Herd nehmen und erkalten lassen.

3. Den Pudding unterrühren. Die geschlagene Sahne unterziehen. Ein Drittel der Masse auf den Boden geben, glatt streichen und die Birnen in die Creme setzen.

4. Die restliche Creme darauf glatt streichen und die Torte im Kühlschrank vollständig auskühlen lassen. Die Torte aus dem Kühlschrank nehmen und den Tortenring entfernen.

5. Sahne mit Sahnesteif steif schlagen. Den Rand der Torte damit bestreichen. Die restliche Sahne auf die Torte dressieren. Den Rand mit Kuvertüreraspeln bestreuen. Die Torte mit Pralinen garnieren, mit Kakao bestäuben und bis zum Verzehr kühl stellen.

Apfel-Portwein-Torte

Für 16 Stücke:

2 dünne Biskuitböden (Fertigprodukt)
Für die Füllung:
250 ml Portwein, 50 g Zucker, 2 große säuerliche Äpfel, 30 g Speisestärke
Für die Creme:
100 ml Portwein
50 g Zucker, 6 Blatt weiße Gelatine, 150 g Joghurt
400 ml süße Sahne
Für die Dekoration:
200 ml süße Sahne
1 Päckchen Sahnesteif
75 g weiße Schokoraspel
Kakaopulver und Apfelschnitzel zum Garnieren

1. Einen Tortenboden auf eine Platte legen und mit einem Tortenring umlegen.

2. Portwein und Zucker zum Kochen bringen. Äpfel schälen, würfeln und im Portwein garen. Die Äpfel mit angerührter Speisestärke abbinden und erkalten lassen.

3. Portwein mit Zucker erwärmen. Gewässerte Gelatine darin auflösen, vom Herd nehmen und erkalten lassen. Joghurt und geschlagene Sahne unterziehen.

4. Die Füllung auf dem Boden glatt streichen. Zweiten Boden daraufsetzen, Creme darauf glatt streichen und die Torte durchkühlen lassen. Anschließend den Tortenring entfernen.

5. Sahne mit Sahnesteif steif schlagen. Den Rand der Torte damit bestreichen. Die restliche Sahne auf die Torte dressieren. Torte mit Schokoraspeln bestreuen, mit Kakao bestäuben, mit Apfelschnitzen garnieren und bis zum Verzehr kühl stellen.

Stracciatella-Erdbeertorte mit Mandeln

Für 16 Stücke:

Für den Biskuitteig:
3 Eier, 150 g Zucker
3 EL heißes Wasser
75 g Mehl, 50 g Speisestärke
25 g gemahlene Mandeln
50 g Erdbeermarmelade

Für die Creme:
100 ml Milch, 50 ml Mandellikör
50 g Zucker, Mark einer Vanilleschote
7 Blatt Gelatine, 600 ml süße Sahne
200 g Erdbeeren

Außerdem:
200 ml süße Sahne, Zucker nach Geschmack
100 g geröstete Mandelblättchen
50 g Schokoladenglasur

1. Die Eier mit dem Zucker und dem heißen Wasser in einer Schüssel schaumig schlagen. Das Mehl mit der Speisestärke vermischen, auf die Eicreme sieben und mit den gemahlenen Mandeln unterheben.

2. Den Teig in eine mit Backpapier ausgelegte Springform (26 cm Durchmesser) füllen, glatt streichen und im auf 180–200 °C vorgeheizten Backofen ca. 30 Minuten backen. Den fertig gebackenen Tortenboden aus dem Backofen nehmen und erkalten lassen.

3. Den Biskuitboden einmal waagerecht durchschneiden. Die Oberfläche gerade schneiden, den unteren Tortenboden auf eine Tortenplatte legen, mit der Erdbeermarmelade bestreichen und mit einem Tortenring umschließen.

4. Für die Creme, die Milch mit dem Mandellikör, dem Zucker und dem Vanillemark erwärmen. Die gut gewässerte, ausgedrückte Gelatine darin auflösen, vom Herd nehmen und erkalten lassen.

5. Kurz vor dem Festwerden, die steif geschlagene Sahne unter die Mandelmilch heben.

6. Die Erdbeeren verlesen, waschen und in Stücke schneiden.

7. Die Hälfte der Creme auf den Boden streichen. Die Erdbeerstücke darauf verteilen, den zweiten Boden darauflegen und die restliche Creme darauf glatt streichen. Die Torte im Kühlschrank – am besten über Nacht – vollständig durchkühlen lassen.

8. Anschließend die Torte aus dem Kühlschrank nehmen und den Tortenring entfernen. Die Sahne steif schlagen, mit Zucker nach Geschmack süßen, den Rand der Torte damit rundherum einstreichen und mit den gerösteten Mandelblättchen bestreuen.

9. Die Schokoladenglasur nach Packungsanweisung schmelzen lassen, in ein Spritztütchen füllen und Punkte auf die Tortenoberfläche spritzen. Die Torte bis zum Verzehr kühl stellen.

17 Sonntagstorten

16–17

Sonntagstorten

Für 16 Stücke:

Für den Biskuitteig:
3 Eier, 125 g Zucker, 3 EL heißes Wasser
1 Päckchen Vanillezucker
75 g Mehl, 50 g Speisestärke
1 gestrichenen TL Backpulver
10 g Kakaopulver

Für die Creme:
150 g Erdbeeren
100 ml Erdbeerlimes
50 g Honig
10 Blatt Gelatine
300 g Erdbeerjoghurt
600 ml süße Sahne

Für die Dekoration:
250 g Vanilleglasur
50 g Schokoladenglasur
Erdbeerhälften zum Garnieren
30 g gestiftelte Mandel

1. Die Eier mit dem Zucker, dem heißen Wasser und dem Vanillezucker in einer Schüssel schaumig schlagen.

2. Das Mehl mit der Speisestärke, dem Backpulver und dem Kakaopulver vermischen, auf die Eicreme sieben und unterheben.

3. Den Teig in eine, mit Backpapier ausgelegte Springform (26 cm Ø) füllen, glatt streichen und im auf 180–200 °C vorgeheizten Backofen 30 Minuten backen, herausnehmen und erkalten lassen.

4. Den Biskuitboden einmal durchschneiden, die Oberfläche gerade schneiden, den unteren Tortenboden auf eine Tortenplatte legen und mit einem Tortenring umschließen. Die Erdbeeren verlesen, waschen und halbieren.

Erdbeer-Joghurt-Traum

5. Die Erdbeeren mit dem Erdbeerlimes und dem Honig im Mixer oder mit dem Pürierstab pürieren und in einem Topf erwärmen. Die gut gewässerte, ausgedrückte Gelatine darin auflösen, vom Herd nehmen und erkalten lassen.

6. Kurz vor dem Festwerden den Joghurt unterrühren und die steif geschlagene Sahne unterheben.

7. Die Creme auf dem unteren Tortenboden glatt streichen und den zweiten Boden daraufflegen. Die Torte im Kühlschrank – am besten über Nacht – vollständig durchkühlen lassen.

8. Anschließend die Torte aus dem Kühlschrank nehmen. Die Vanille- und Schoko-ladenglasur schmelzen und die Oberfläche mit der Vanilleglasur vollständig überziehen. Die Schokoladenglasur aufspritzen und mit einem Zahnstocher Muster einziehen.

9. Die Glasuren fest werden lassen und danach den Tortenring abnehmen. Die Torte mit Erdbeerhälften garnieren, mit den Mandeln bestreuen und bis zum Verzehr kühl stellen.

Spiegelei-Torte mit Pfirsichen

Für 16 Stücke:

2 dünne, dunkle Tortenböden (Fertigprodukt)
Für die Creme:
1 Dose Pfirsiche, 150 ml Pfirsichsaft, 50 g Zucker
4 Blatt weiße Gelatine
2 cl Amaretto
250 g Mascarpone
400 ml süße Sahne
Außerdem:
200 ml süße Sahne
1 Päckchen Sahnesteif
2 TL Kakaopulver
30 g weiße, geraspelte Kuvertüre
50 g gehackte Pistazien
200 g Puderzucker
Saft von 1 kleinen Zitrone

1. Einen Tortenboden auf eine Platte legen und mit einem Tortenring umlegen. Die Pfirsiche abtropfen lassen, dabei den Saft auffangen. 5 Pfirsichhälften beiseite legen. Die restlichen Pfirsiche in kleine Würfel schneiden.

2. 150 ml Saft mit Zucker erwärmen. Gewässerte Gelatine darin auflösen, erkalten lassen und den Amaretto einrühren. Mascarpone, geschlagene Sahne und Pfirsichwürfel unterheben.

3. Die Creme auf dem Biskuit glatt streichen. Den zweiten Boden darauflegen und die Torte im Kühlschrank durchkühlen lassen. Dann den Tortenring entfernen.

4. Sahne mit Sahnesteif steif schlagen. Kakao unterrühren und die Torte einstreichen. Den Rand mit Kuvertüreraspeln und Pistazien bestreuen. Puderzucker mit Zitronensaft zu einem Guss verrühren. Auf der Torte verteilen, die Pfirsichhälften darauflegen und den Guss fest werden lassen.

Schwarzwälder Kirschtorte

Für 16 Stücke:

3 dünne, dunkle Tortenböden (Fertigprodukt)

Für die Füllung:
100 ml Milch
75 g Zucker
8 Blatt weiße Gelatine
4 cl Kirschwasser
800 ml süße Sahne
500 g frische entsteinte Kirschen

Außerdem:
200 ml süße Sahne
1 Päckchen Sahnesteif
Zucker nach Geschmack
50 g geraspelte Kuvertüre
Kaiserkirschen zum Garnieren

1. Einen Tortenboden auf eine Platte legen und mit einem Tortenring umlegen.

2. Für die Creme Milch und Zucker erwärmen und die gewässerte, ausgedrückte Gelatine darin auflösen. Kurz vor dem Festwerden das Kirschwasser unterziehen und die geschlagene Sahne unterheben.

3. Die Kirschen auf dem Boden verteilen. Ein Drittel der Creme darauf glatt streichen, mit dem zweiten Boden abdecken und mit einem Drittel der Creme überziehen, glatt streichen, mit dem dritten Boden abdecken, die restliche Creme darauf glatt streichen und im Kühlschrank fest werden lassen.

4. Dann den Tortenring entfernen. Die Torte mit der steif geschlagenen, gesüßten Sahne überziehen und den Rest auf die Torte dressieren. Die Torte mit geraspelter Kuvertüre bestreuen, mit Kirschen garnieren und bis zum Verzehr kühl stellen.

Gedeckte Erdbeertorte

Für 16 Stücke:

Für den Biskuitteig:
4 Eier
150 g Zucker
1 Päckchen Vanillezucker
100 g Mehl
2 gestrichene TL Backpulver
75 g Speisestärke

Für die Creme:
300 g Erdbeeren
150 ml Milch
Mark 1 Vanilleschote
50 g Zucker
8 Blatt Gelatine
250 g Joghurtquark
400 ml süße Sahne
300 g Vollmilchglasur
Erdbeerscheiben und gehackte
Mandeln zum Garnieren
Puderzucker zum Bestäuben

1. Die Eier mit dem Zucker und dem Vanillezucker in einer Schüssel schaumig schlagen.

2. Das Mehl mit dem Backpulver und der Speisestärke vermischen, auf die Eicreme sieben und unterheben.

3. Den Teig in eine mit Backpapier ausgelegte Springform (26 cm Durchmesser) füllen, glatt streichen und im auf 180–200 °C vorgeheizten Backofen ca. 30 Minuten backen, herausnehmen und erkalten lassen.

4. Den Biskuitboden einmal waagerecht durchschneiden, die Oberfläche gerade schneiden.

5. Den unteren Tortenboden auf eine Tortenplatte legen und mit einem Tortenring umschließen.

6. Die Erdbeeren verlesen, waschen und in Würfel schneiden. Die Milch mit dem Vanillemark und dem Zucker in einem Topf erwärmen.

7. Die gut gewässerte, ausgedrückte Gelatine darin auflösen, vom Herd nehmen und erkalten lassen. Kurz vor dem Festwerden den Joghurtquark unterrühren. Die Sahne steif schlagen, unterheben und die Erdbeerwürfel unterziehen.

8. Die Creme auf den Tortenboden kuppelartig aufstreichen und den 2. Boden darauflegen. Die Torte im Kühlschrank – am besten über Nacht – vollständig durchkühlen lassen.

9. Anschließend die Torte aus dem Kühlschrank nehmen und den Tortenring entfernen. Die Vollmilchglasur nach Packungsanweisung schmelzen, etwas abkühlen lassen und die Torte damit einstreichen.

10. Die Torte mit den Erdbeerscheiben dekorativ belegen, mit gehackten Mandeln bestreuen, mit Puderzucker bestäuben und bis zum Verzehr kühl stellen.

Sonntagstorten

24 Sonntagstorten

Für 16 Stücke:

Für den Teig:
4 Eier, 4 EL Wasser
175 g Zucker
1 Päckchen Vanillezucker
100 g Mehl
2 gestrichene TL Backpulver
50 g Speisestärke
15 g Kakaopulver
Für die Creme:
350 ml Erdbeersirup
1 Päckchen Vanillearoma
12 Blatt Gelatine
300 g Erdbeerjoghurt
600 ml süße Sahne
350 g Erdbeeren
Puderzucker zum Bestäuben
70 g Haselnusskrokant zum Bestreuen

1. Die Eier mit dem Wasser, dem Zucker und dem Vanillezucker in einer Schüssel schaumig schlagen. Das Mehl mit dem Backpulver, der Speisestärke und dem Kakaopulver vermischen, auf die Eicreme sieben und unterheben.

2. Den Teig in eine mit Backpapier ausgelegte Springform (26 cm Durchmesser) füllen, glatt streichen und im auf 180–200 °C vorgeheizten Backofen 30 Minuten backen, herausnehmen und erkalten lassen.

3. Den Biskuitboden einmal waagerecht durchschneiden, die Oberfläche gerade schneiden, den unteren Tortenboden auf eine Tortenplatte legen und mit einem Tortenring umschließen. 150 ml Erdbeersirup mit dem Vanillearoma erwärmen.

Erdbeertorte mit Schokoboden

4. 10 Blatt gut gewässerte, ausgedrückte Gelatine darin auflösen, vom Herd nehmen und erkalten lassen. Kurz vor dem Festwerden den Erdbeerjoghurt einrühren und die steif geschlagene Sahne unterheben.

5. Die Erdbeeren verlesen, waschen, 200 g in Würfel schneiden und unter die Creme heben. Zwei Drittel der Creme auf den Tortenboden streichen, den zweiten Boden darauflegen und die restliche Creme darauf glatt streichen. Die Torte im Kühlschrank – am besten über Nacht – vollständig durchkühlen lassen.

6. Die Torte aus dem Kühlschrank nehmen. Den restlichen Erdbeersirup erwärmen, 2 Blatt gut gewässerte, ausgedrückte Gelatine darin auflösen, kurz vor dem Festwerden auf die Torte geben, den Guss vollständig auskühlen lassen und dann den Tortenring entfernen.

7. Die Torte rundherum mit dem Haselnusskrokant bestreuen. Die restlichen Erdbeeren in Scheiben schneiden, in die Mitte der Torte legen, mit Puderzucker bestreuen und bis zum Verzehr kühl stellen.

Erdbeer-Sahne-Torte

Für 16 Stücke:

Für den Biskuitteig:
4 Eier, 175 g Zucker
1 Päckchen Zitronenaroma, 100 g Mehl, 2 gestrichene TL Backpulver
75 g Speisestärke

Für die Creme:
300 g Erdbeeren
800 ml süße Sahne
4 Päckchen Vanillearoma
4 Päckchen Sahnesteif
100 g geröstete Mandelblättchen zum Bestreuen
Erdbeeren zum Belegen

1. Eier mit Zucker und Zitronenaroma schaumig schlagen. Mehl mit Backpulver und Speisestärke vermischen, auf die Eicreme sieben und unterheben. Den Teig in eine mit Backpapier ausgelegte Springform (26 cm Durchmesser) füllen, glatt streichen und im auf 180–200 °C vorgeheizten Backofen ca. 30 Minuten backen, herausnehmen und erkalten lassen.

2. Den Boden waagerecht durchschneiden. Die Oberfläche gerade schneiden, den unteren Tortenboden auf eine Tortenplatte legen und mit einem Tortenring umschließen. Erdbeeren verlesen, waschen und würfeln.

3. Sahne mit Sahnesteif steif schlagen, das Vanillearoma einrühren. Zwei Drittel der Sahne auf den Tortenboden streichen und mit den Erdbeerwürfeln bedecken. Den zweiten Boden darauflegen und im Kühlschrank durchkühlen lassen.

4. Dann den Tortenring entfernen. Mit der restlichen Sahne die Torte einstreichen, mit den Mandelblättchen bestreuen, mit Erdbeerscheiben belegen und bis zum Verzehr kühl stellen.

Erdbeer-Cocktail-Torte

Für 16 Stücke:

600 g Erdbeeren
50 g Erdbeermarmelade
2 Lagen Wiener Boden (Fertigprodukt)

Für die Creme:

1 Glas Cocktailkirschen
50 g Zucker
1 Päckchen Vanillearoma
10 Blatt Gelatine
300 g Vanillejoghurt
500 ml süße Sahne
2 große Erdbeeren
10 Physalis, 4–6 Cocktailkirschen, Mandelsplitter zum Garnieren

1. Erdbeeren waschen und halbieren. Die Erdbeerhälften auf einen mit Marmelade bestrichenen Biskuitboden legen, auf eine Tortenplatte setzen und mit einem Tortenring umschließen.

2. Cocktailkirschen abtropfen lassen, den Saft auffangen. Kirschsaft, Zucker und Vanillearoma erwärmen. Die gewässerte, ausgedrückte Gelatine darin auflösen, vom Herd nehmen und erkalten lassen. Kurz vor dem Festwerden den Joghurt und die steif geschlagene Sahne unterheben.

3. Die Hälfte der Creme auf den Tortenboden streichen, den zweiten Boden darauflegen und die restliche Creme darauf glatt streichen. Die Torte im Kühlschrank – am besten über Nacht – vollständig durchkühlen lassen.

4. Dann die Torte aus dem Kühlschrank nehmen und den Tortenring entfernen.

5. Die Erdbeeren, die Physalis und die Cocktailkirschen auf einen Schaschlikspieß stecken, auf die Torte legen, mit Mandelsplitter und Physalis garnieren und bis zum Verzehr kühl stellen.

Erdbeer-Rhabarber-Torte

Für 16 Stücke:

Für den Biskuitteig:
4 Eier
150 g Zucker
1 Päckchen Vanillezucker
100 g Mehl
1 gestrichenen TL Backpulver
50 g Speisestärke
100 g Himbeermarmelade

Für die Creme:
200 g Rhabarberstücke
75 g Zucker
1 Päckchen Vanillezucker
1/2 TL Zimt
100 ml Wasser
200 g Erdbeeren
10 Blatt Gelatine
800 ml süße Sahne

Für die Dekoration:
200 ml süße Sahne
1 Päckchen Sahnesteif
50 g dunkle Schokoladenraspel zum Bestreuen
Erdbeer- und Rhabarberstücke zum Garnieren

1. Die Eier mit dem Zucker und dem Vanillezucker in einer Schüssel schaumig schlagen. Das Mehl mit dem Backpulver und der Speisestärke vermischen, auf die Eicreme sieben und unterheben.

2. Den Teig in eine mit Backpapier ausgelegte Springform (26 cm Durchmesser) füllen, glatt streichen und im auf 180–200 °C vorgeheizten Backofen 30 Minuten backen, herausnehmen und erkalten lassen.

3. Den Biskuitboden einmal durchschneiden, die Oberfläche gerade schneiden, beide Böden mit je 50 g Himbeermarmelade bestreichen. Den unteren Tortenboden auf eine Tortenplatte legen und mit einem Tortenring umschließen.

4. Den Rhabarber putzen, waschen, in Stücke schneiden und mit dem Zucker, dem Vanillezucker und dem Zimt in dem erhitzten Wasser fünf Minuten kochen. Die Erdbeeren verlesen, waschen, in kleine Stücke schneiden und bereitstellen.

5. Die gut gewässerte, ausgedrückte Gelatine in dem warmen Rhabarbermus auflösen, vom Herd nehmen und erkalten lassen. Kurz vor dem Festwerden die steif geschlagene Sahne unterheben und die Erdbeerstücke unterziehen.

6. Die Hälfte der Creme auf den Tortenboden streichen, den zweiten Boden mit der Marmeladenseite nach unten darauflegen und die restliche Creme darauf glatt streichen. Die Torte im Kühlschrank – am besten über Nacht – vollständig durchkühlen lassen.

7. Anschließend die Torte aus dem Kühlschrank nehmen und den Tortenring entfernen. Die Sahne mit dem Sahnesteif steif schlagen und mit zwei Dritteln der Sahne die Torte einstreichen. Die restliche Sahne in einen Spritzbeutel mit Lochtülle füllen und auf die Torte dressieren.

8. Die Torte mit Erdbeer- und Rhabarberstücken garnieren, mit Schokoladenraspel bestreuen und bis zum Verzehr kühl stellen.

Sonntagstorten

30 Sonntagstorten

Für 16 Stücke:

Für den Biskuitteig:
4 Eier, 4 EL Wasser, 175 g Zucker
1 Päckchen Vanillezucker, 100 g Mehl
2 gestrichene TL Backpulver
75 g Speisestärke
150 g Johannisbeermarmelade

Für die Creme:
250 g Rhabarber, 100 g Honig
1/2 TL Zimt, 100 ml Wasser
10 Blatt Gelatine, 250 g Quark
500 ml süße Sahne

Für die Dekoration:
300 ml süße Sahne
1 Päckchen Sahnesteif
Rhabarberstücke zum Garnieren
50 g weiße Schokoladenraspel zum Bestreuen

1. Eier mit Wasser, Zucker und Vanillezucker in einer Schüssel schaumig schlagen. Mehl mit Backpulver und Speisestärke vermischen, auf die Eicreme sieben und unterheben.

2. Den Teig in eine mit Backpapier ausgelegte Springform (26 cm Durchmesser) füllen, glatt streichen und im auf 180–200 °C vorgeheizten Backofen 35 Minuten backen, herausnehmen und erkalten lassen.

3. Den Biskuitboden zweimal durchschneiden, die Oberfläche gerade schneiden, alle drei Böden gleichmäßig mit Johannisbeermarmelade bestreichen. Den unteren Tortenboden auf eine Tortenplatte legen und mit einem Tortenring umschließen.

4. Den Rhabarber putzen, waschen, in Stücke schneiden und mit dem Honig und dem Zimt in dem Wasser 5 Minuten kochen.

Rhabarbertorte

5. Die gut gewässerte, ausgedrückte Gelatine in dem warmen Rhabarbermus auflösen, vom Herd nehmen und erkalten lassen. Kurz vor dem Festwerden den Quark unterrühren und die steif geschlagene Sahne unterheben.

6. Ein Drittel der Creme auf den Tortenboden streichen. Einen Boden mit der Marmeladenseite nach oben darauflegen, die Hälfte der Creme darauf glatt streichen, den letzten Boden darauflegen und die restliche Creme darauf glatt streichen. Die Torte im Kühlschrank – am besten über Nacht – vollständig durchkühlen lassen.

7. Anschließend die Torte aus dem Kühlschrank nehmen und den Tortenring entfernen. Die Sahne mit dem Sahnesteif steif schlagen, mit zwei Drittel der Sahne die Torte einstreichen, die restliche Sahne in einen Spritzbeutel mit Lochtülle füllen und auf die Torte dressieren.

8. Die Torte rundherum mit weißen Schokoladenraspeln bestreuen, mit Rhabarberstücken garnieren und bis zum Verzehr kühl stellen.

Erdbeergelee-torte mit Baiser

Für 16 Stücke:

1 Lage dunkler Wiener Boden (Fertigprodukt)
150 ml Milch
50 g Zucker
Mark einer Vanilleschote
1 Päckchen Vanillezucker
13 Blatt Gelatine
300 g Naturjoghurt
600 ml süße Sahne
250 g Erdbeeren
100 g Honig
150 ml Erdbeerwein
75 g Baiserflocken

1. Den Biskuitboden auf eine Tortenplatte legen und mit einem Tortenring umschließen. Milch mit Zucker, Vanillemark und Vanillezucker in einem Topf erwärmen.

2. 10 Blatt gewässerte Gelatine in der Vanillemilch auflösen, vom Herd nehmen und erkalten lassen. Kurz vor dem Festwerden Joghurt und steif geschlagene Sahne unterheben.

3. Die Creme so auf den Tortenboden streichen, dass in der Mitte eine Mulde entsteht. Die Erdbeeren verlesen, waschen und würfeln. Honig und Erdbeerwein in einem Topf erwärmen.

4. Die restliche gewässerte Gelatine im Erdbeerwein auflösen, vom Herd nehmen und erkalten lassen.

5. Die Erdbeerwürfel unterrühren und das Erdbeergelee in die Torte füllen. Die Torte im Kühlschrank – am besten über Nacht – vollständig durchkühlen lassen.

6. Anschließend die Torte aus dem Kühlschrank nehmen und den Tortenring entfernen. Mit Baiserflocken bestreuen und bis zum Verzehr kühl stellen.

Für 16 Stücke:

225 g Marzipan-Rohmasse
50 g Aprikosen-
marmelade
4 cl Mandellikör
750 g Erdbeeren
1 Lage Wiener Boden
(Fertigprodukt)
1 Päckchen roter
Tortenguss
75 g geröstete Mandel-
blättchen
1 EL Puderzucker
Lebensmittelfarbe gelb

1. 125 g der Mazipan-Roh-masse mit der Aprikosen-marmelade und dem Mandellikör gut verkneten.

2. Die Erdbeeren verlesen, waschen, halbieren und bereitstellen.

3. Zwei Drittel der Marzipanmasse auf dem Tortenboden verteilen, glatt streichen und die Erdbeeren darauflegen.

4. Das Tortengusspulver nach Packungsanweisung mit Wasser oder Fruchtsaft zubereiten und gleichmäßig auf den Erdbeeren verteilen.

5. Die Hälfte der restlichen Marzipanmasse auf den Kuchenrand streichen und diesen mit den gerösteten Mandelblättchen bestreuen.

6. Die restliche Marzipanrohmasse mit dem Puderzucker verkneten und auf einer Arbeitsfläche dünn ausrollen.

7. Mit entsprechenden Ausstechförmchen Blümchen ausstechen und diese mit der gelben Speisefarbe bemalen.

8. Die Blümchen auf den Kuchenrand setzen und den Kuchen bis zum Verzehr kühl stellen.

Erdbeer-Marzipan-Kuchen

Vanillecremetorte mit Himbeeren

Für 16 Stücke:

5 Eier, 150 g Zucker, 5 EL Wasser
100 g Speisestärke
1 TL Instant Milchkaffeepulver
125 g Weizenmehl
3 gestrichene TL Backpulver
50 g Schokostückchen
Für die Creme:
500 ml Milch, 75 g Zucker
Mark von 1 Vanilleschote, 1 Päckchen
Puddingpulver Vanille, 250 g Butter
Für das Himbeermus:
400 g Himbeeren (TK-Produkt)
50 g Zucker, 4 EL Kokosflocken
Außerdem:
Kokosflocken zum Bestreuen
100 g frische Himbeeren

1. Eier, Zucker und Wasser schaumig schlagen. Speisestärke, Kaffeepulver, Weizenmehl und Backpulver vermischen, auf die Eimasse sieben, mit den Schokostückchen unterheben. Eine Springform (26 cm Durchmesser) mit Backpapier auslegen, die Masse einfüllen, glatt streichen und im auf 180 °C vorgeheizten Backofen 30 Minuten backen.

2. Den gebackenen Boden aus dem Ofen nehmen, erkalten lassen, aus der Form nehmen und zweimal waagerecht durchschneiden. Einen Boden auf eine Tortenplatte setzen und mit einem Tortenring umschließen.

3. Für die Creme 400 ml Milch mit Zucker und dem ausgeschabten Vanillemark erhitzen.

4. Das Puddingpulver mit der kalten Milch verrühren, mit dem Schneebesen in die heiße Milch einrühren und alles zu einem Pudding kochen. Vom Herd nehmen und unter ständigem Rühren erkalten lassen.

5. Butter in einer Schüssel schaumig schlagen. Den Pudding esslöffelweise mit dem Schneebesen unterschlagen.

6. Die Himbeeren mit dem Zucker zum Kochen bringen. Die Kokosflocken einrühren, vom Herd nehmen und erkalten lassen.

7. Die Tortenböden mit den Himbeeren bestreichen. Ein Drittel der Creme abnehmen und bereitstellen. Die restliche Creme in drei Teile teilen, einen Teil auf den unteren Tortenboden geben und glatt streichen.

8. Den zweiten Boden daraufsetzen, leicht andrücken und mit dem zweiten Teil der Creme bestreichen. Den dritten Boden daraufsetzen, leicht andrücken und mit dem dritten Teil der Creme bestreichen.

9. Die Torte im Kühlschrank 2–3 Stunden gut durchkühlen lassen. Anschließend die Torte aus dem Kühlschrank nehmen und den Tortenring entfernen. Etwas Creme in einen Spritzbeutel mit Lochtülle füllen und die Torte mit der restlichen Creme einstreichen.

10. Die Creme auf die Torte dressieren, mit Kokosflocken bestreuen, mit frischen Himbeeren garnieren und die Torte bis zum Verzehr kühl stellen.

35 Sonntagstorten

34–35

Sonntagstorten

Für 16 Stücke:

Für den Biskuitteig:
4 Eier, 4 EL Wasser, 150 g Zucker
1 TL geriebene Zitronenschale
100 g Mehl, 75 g Speisestärke
25 g geraspelte Haselnusskerne
2 gestr. TL Backpulver

Für die Creme:
150 g Erdbeeren, 150 g Himbeeren
75 g Zucker, 10 Blatt Gelatine
250 g Sahnequark
600 ml süße Sahne

Für die Dekoration:
200 ml süße Sahne
1 Päckchen Sahnesteif
Zucker nach Geschmack
50 g geraspelte Haselnusskerne zum Bestreuen
100 g Erdbeeren zum Garnieren

1. Eier, Wasser, Zucker, Zitronenschale in eine Schüssel geben und schaumig schlagen. Das Mehl mit der Speisestärke und dem Backpulver vermischen, auf die Creme sieben und mit den Haselnüssen unterheben.

2. Eine Springform (26 cm Durchmesser) mit Backpapier auslegen, den Teig einfüllen, glatt streichen und im auf 180–200 °C vorgeheizten Backofen 35 Minuten backen.

3. Den fertig gebackenen Boden aus dem Ofen nehmen, erkalten lassen, aus der Form nehmen, oben gerade schneiden, zweimal waagerecht durchschneiden, den unteren Boden auf eine Tortenplatte setzen, mit einem Tortenring umschließen.

Erdbeer-Himbeer-Sahne

4. Die Erdbeeren und die Himbeeren verlesen, waschen, mit dem Zucker pürieren und in einem Topf erwärmen. Die gut gewässerte, ausgedrückte Gelatine im warmen Beerenmus auflösen, vom Herd nehmen, erkalten lassen. Kurz vor dem Festwerden den Sahnequark unterrühren und die steif geschlagene Sahne unterheben.

5. Die Hälfte der Creme auf den Tortenboden geben, so nach außen streichen, dass in der Mitte eine Mulde entsteht, den zweiten Boden darauflegen, in der Mitte leicht nach unten drücken, die restliche Creme einfüllen und den letzten Boden darauflegen. Die Torte im Kühlschrank vollständig durchkühlen lassen.

6. Herausnehmen, den Tortenring entfernen. Die Sahne mit dem Sahnesteif steif schlagen und mit Zucker nach Geschmack süßen. Die Torte mit zwei Dritteln der Sahne einstreichen, die restliche Sahne in einen Spritzbeutel mit Sterntülle füllen und auf die Torte dressieren. Die Torte rundherum mit geraspelten Haselnüssen bestreuen und mit Erdbeerhälften belegen.

Baskischer Kirschkuchen

Für 12–14 Stücke:

Für den Teig:
150 g Weizenmehl
150 g Vollkornmehl
1 Ei
150 g Zucker
1 Päckchen Zitronenaroma
200 g Butter
Butter zum Ausfetten
1 Glas Kirschmarmelade (400 g)

Außerdem:
100 g Aprikosenmarmelade zum Bestreichen
Mandelblättchen und Melissenzweige zum Garnieren

1. Gesiebtes Mehl mit Ei, Zucker, Zitronenaroma und die Butter in Flöckchen zu einem glatten, kompakten Mürbeteig verkneten. Den Teig in Klarsichtfolie wickeln und im Kühlschrank etwa eine Stunde ruhen lassen.

2. Die Hälfte des Teiges auf einer bemehlten Arbeitsfläche in der Größe einer Springform (26 cm Durchmesser) ausrollen. In die gefettete Form legen und einen Rand hochdrücken. Die Kirschmarmelade gleichmäßig daraufstreichen.

3. Restlichen Teig ausrollen, in Streifen schneiden und als Gitter auf den Kuchen legen. Den Kuchen im auf 180 °C vorgeheizten Backofen 35–40 Minuten backen, herausnehmen und abkühlen lassen.

4. Die Aprikosenmarmelade erwärmen, glatt rühren und den Kuchen damit bestreichen. Mit Mandelblättchen bestreuen und abtrocknen lassen. Den Kirschkuchen mit Melissenzweigen garnieren und servieren.

Birnen-Eierlikör-Torte

Für 12–14 Stücke:

Für den Teig:
250 g Weizenmehl
100 g Zucker, 150 g Butter
1 Ei, Hülsenfrüchte zum Blindbacken

Für die Füllung:
200 ml Eierlikör
5 Blatt Gelatine
200 g Schmand
500 g Vanillepudding
1 Dose Williams Birnen

Außerdem:
250 ml süße Sahne
2 Päckchen Sahnesteif
1 Päckchen Vanillezucker
Kakaopulver und frische Birnen zum Garnieren
4 EL Eierlikör

1. Mehl, Zucker, Butter und Ei verkneten. Eine Stunde ruhen lassen. In der Größe einer Springform (26 cm Durchmesser) ausrollen. Den Teig in die mit Backpapier ausgelegte Form legen.

2. Backpapier auf den Teig legen, Hülsenfrüchte darauf verteilen und den Boden im auf 180 °C vorgeheizten Ofen 25–30 Minuten „blind" backen. Tortenboden auf eine Platte legen und mit einem Ring umschließen.

3. Eierlikör erwärmen, gewässerte Gelatine darin auflösen und abkühlen lassen. Schmand und Pudding einrühren, auf dem Boden verteilen und die Birnen in die Füllung drücken. Torte vollständig durchkühlen lassen.

4. Sahne mit Sahnesteif und Vanillezucker steif schlagen, in einen Spritzbeutel mit Sterntülle füllen und Rosetten auf die Torte dressieren. Den Tortenring entfernen, den Tortenrand mit Kakao bestäuben, mit Eierlikör beträufeln, mit Birnenschnitzen garnieren und bis zum Verzehr kühl aufbewahren.

… 42 … 44 … 45

Nusstorte mit Kirschen

Für 16 Stücke:

1 Glas Sauerkirschen
(Abtropfgewicht 350 g)
4 cl Kirschwasser
200 g Nusswaffeln
50 g weiche Butter
Sonnenblumenöl zum Bestreichen
Für die Creme:
200 ml Kirschsaft
1 EL geriebene Zitronenschale
5–6 EL Rapsblütenhonig
9 Blatt weiße Gelatine
400 g Kirschjoghurt
600 ml süße Sahne
50 g Nusswaffeln
Für die Dekoration:
50 ml süße Sahne
100 g Schokoladenglasur

1. Die Sauerkirschen zum Abtropfen auf ein Sieb geben und den Saft dabei auffangen. Die Kirschen in eine Schüssel geben, mit Kirschwasser beträufeln und zugedeckt ziehen lassen.

2. Die Nusswaffeln grob reiben oder fein hacken, mit der weichen Butter in eine Schüssel geben, verrühren und verkneten.

3. Einen Tortenring (26 cm Durchmesser) innen mit Sonnenblumenöl bestreichen und den Tortenring auf eine mit Backpapier ausgelegte Tortenplatte setzen. Die Waffelmasse einfüllen, fest eindrücken und fest werden lassen.

4. Für die Creme den Kirschsaft mit der Zitronenschale und dem Honig in einen Topf geben und erwärmen.

5. Die gut gewässerte, ausgedrückte Gelatine darin auflösen, vom Herd nehmen und erkalten lassen.

6. Kurz vor dem Festwerden den Kirschjoghurt kräftig unterrühren und die geschlagene Sahne unterziehen. Die Nusswaffeln grob hacken und ebenfalls unterrühren.

7. Die marinierten Kirschen unter die Creme ziehen, die Creme auf den Bröselboden geben, glatt streichen und im Kühlschrank – am Besten über Nacht – vollständig auskühlen lassen.

8. Die Torte aus dem Kühlschrank nehmen, das Backpapier und den Tortenring entfernen.

9. Die Sahne in einem Topf erwärmen, die Schokoladenglasur hinzufügen und vollständig schmelzen lassen. Anschließend vom Herd nehmen und leicht erkalten lassen.

10. Die Glasur mit einem Esslöffel auf den Rand der Torte geben, über den Rand laufen lassen, die Glasur fest werden lassen und die Torte bis zum Verzehr kühl stellen.

41 Sonntagstorten

40–41

Sonntagstorten

Für 16 Stücke:

Für den Mürbeteig:
300 g Mehl, 1 Ei, 1 Päckchen Zitronenaroma, 150 g Zucker, 175 g Butter
Fett zum Ausfetten
Semmelbrösel zum Ausstreuen

Für die Füllung:
7 Eiweiß, 300 g Zucker
600 g Johannisbeeren
125 g gemahlene Haselnüsse
50 g Grieß, 1/2 TL Zimt
400 ml süße Sahne
2 Päckchen Sahnesteif
Zucker nach Geschmack

Für die Dekoration:
Kakaopulver zum Bestäuben
Johannisbeeren zum Garnieren

1. Das Mehl auf einer Arbeitsfläche sieben, eine Mulde eindrücken, das Ei und das Zitronenaroma hineingeben.

2. Mit dem Zucker bestreuen, die Butter in Flöckchen daraufsetzen und das Ganze mit bemehlten Händen zu einem glatten, kompakten Teig verkneten.

3. Den Teig in Frischhaltefolie wickeln und im Kühlschrank eine Stunde ruhen lassen.

4. Den Teig auf einer bemehlten Arbeitsfläche ausrollen, eine ausgefettete, mit Semmelbrösel ausgestreute Springform (26 cm Durchmesser) damit auslegen und dabei einen 3 cm hohen Rand formen.

Johannisbeer-Baiser-Kuchen

5. Die Eiweiße in einer Schüssel aufschlagen, dabei den Zucker langsam einrieseln lassen und zu Eischnee aufschlagen.

6. Die Johannisbeeren verlesen, waschen, gut abtropfen lassen und unter den Eischaum heben. Die gemahlenen Haselnüsse mit dem Grieß und dem Zimt unter die Creme heben.

7. Die Johannisbeercreme auf dem Kuchenboden glatt streichen und im auf 180–200 °C vorgeheizten Backofen 55–60 Minuten backen.

8. Anschließend die Torte aus dem Backofen nehmen, erkalten lassen und auf eine Tortenplatte legen.

9. Die Sahne mit dem Sahnesteif steif schlagen, mit Zucker nach Geschmack süßen, auf dem Kuchen verteilen, mit Kakaopulver bestäuben, mit Johannisbeeren garnieren und bis zum Verzehr kühl stellen.

Sonntagstorten

Für 16 Stücke:

2 Lagen dunkler Wiener Boden (Fertigprodukt)
Für die Creme:
200 g Johannisbeeren
100 g Zucker
2 cl Johannisbeerlikör
10 Blatt Gelatine, 500 g Quark, 500 ml süße Sahne
Für die Dekoration:
200 ml süße Sahne
1 Päckchen Sahnesteif
Zucker nach Geschmack
weiße Schokoladenraspel zum Bestreuen
Johannisbeeren zum Garnieren

1. Einen Biskuitboden auf eine Tortenplatte legen und mit einem Tortenring umschließen.

2. Die Johannisbeeren verlesen und waschen, mit dem Zucker erwärmen und den Johannisbeerlikör einrühren.

3. Die gewässerte Gelatine im Beermus auflösen, vom Herd nehmen und erkalten lassen. Vor dem Festwerden den Quark und die steif geschlagene Sahne unterheben.

4. Die Hälfte der Creme auf den Tortenboden streichen. Den zweiten Boden darauflegen und die restliche Creme darauf glatt streichen. Die Torte durchkühlen lassen und den Tortenring entfernen.

5. Sahne mit Sahnesteif steif schlagen und mit Zucker süßen. Die Torte mit der Sahne einstreichen. Restliche Sahne auf die Torte dressieren. Die Torte mit Schokoladenraspeln bestreuen, mit Johannisbeeren garnieren.

Johannisbeertorte

Rhabarberkuchen mit Mürbeteiggitter

Für 16 Stücke:

Für den Mürbteig:
350 g Mehl, 1 Ei, 200 g Zucker, 1 Päckchen Vanillezucker, 200 g Butter

Außerdem:
Fett zum Ausfetten Semmelbrösel zum Ausstreuen, 50 g gemahlene Haselnüsse

Für die Füllung:
1 kg Rhabarber, 3 EL Zucker, 250 g Quark, 3 Eier, 50 g Speisestärke, 200 g Zucker 200 ml süße Sahne, 1 Päckchen Zitronenaroma
Puderzucker

1. Die Zutaten mit bemehlten Händen zu einem glatten, kompakten Mürbeteig verkneten, in Frischhaltefolie wickeln und im Kühlschrank eine Stunde ruhen lassen.

2. Zwei Drittel vom Teig auf einer bemehlten Arbeitsfläche ausrollen und eine ausgefettete, mit Semmelbrösel ausgestreute Springform (26 cm Durchmesser) damit auslegen. Dabei einen 3 cm hohen Rand formen.

3. Die Haselnüsse auf den Boden streuen. Den Rhabarber putzen, waschen, schälen, in Stücke schneiden, auf den Nüssen verteilen und mit dem Zucker bestreuen.

4. Quark, Eier, Speisestärke, Zucker, Sahne und Zitronenaroma glatt rühren und über den Rhabarber geben.

5. Den restlichen Mürbteig ausrollen, in Streifen schneiden, als Gitter auf den Kuchen legen und den Kuchen im auf 180–200 C° vorgeheizten Backofen 45 Minuten backen. Aus dem Ofen nehmen, erkalten lassen, mit Puderzucker bestäuben und bis zum Verzehr kühl stellen.

Zitronentorte mit Pistazien

Für 16 Stücke:

Für den Biskuitteig:
4 Eier, 150 g Zucker, 1 Päckchen Vanillezucker, 100 g Mehl, 75 g Speisestärke
2 gestr. TL Backpulver
2 EL fein gehackte Pistazien

Für die Zitronencreme:
Saft von 4 Zitronen, 50 g Zucker
8 Blatt weiße Gelatine, 500 g Quark
600 ml süße Sahne

Außerdem:
200 ml süße Sahne, 1 Päckchen Sahnesteif, Zucker nach Geschmack
30 g fein gehackte Pistazien
2 unbehandelte Zitronen

1. Die Eier mit dem Zucker und dem Vanillezucker schaumig schlagen. Das Mehl mit der Speisestärke und dem Backpulver vermischen, auf den Eischaum sieben, mit den Pistazien unterheben.

2. Den Teig in eine mit Backpapier ausgelegte Springform (26 cm Durchmesser) füllen, glatt streichen und im auf 180 °C vorgeheizten Backofen 30 Minuten backen.

3. Den gebackenen Boden aus dem Ofen nehmen, das Backpapier abziehen und den Biskuit auf einem Kuchengitter erkalten lassen.

4. Den Biskuit oben gerade schneiden und einmal waagerecht durchschneiden.

5. Den unteren Boden auf eine Tortenplatte legen und mit einem Tortenring umschließen.

6. Für die Zitronencreme den Zitronensaft mit dem Zucker aufkochen und leicht erkalten lassen. Die gewässerte, ausgedrückte Gelatine darin auflösen. Den Quark unterrühren, die Sahne steif schlagen und unterheben.

7. Die Hälfte der Zitronencreme auf dem Biskuit glatt streichen und den zweiten Boden darauflegen.

8. Die restliche Creme auf dem Biskuit glatt streichen und anschließend die Torte im Kühlschrank – am besten über Nacht – fest werden lassen.

9. Die Torte aus dem Kühlschrank nehmen und den Tortenring entfernen.

10. Die Sahne mit dem Sahnesteif steif schlagen, mit Zucker nach Geschmack süßen und den Tortenrand damit bestreichen.

11. Die restliche Sahne in einen Spritzbeutel mit Sterntülle füllen und Sahnetupfen auf die Torte dressieren. Den Rand der Torte und die Sahnetupfen mit den Pistazien bestreuen.

12. Die Zitronen unter heißem Wasser gründlich waschen, trocken tupfen und in Scheibchen schneiden. Die Scheiben halbieren und die Torte damit garnieren. Die Zitronentorte bis zum Verzehr kühl aufbewahren.

47 Sonntagstorten

Sonntagstorten

Für 16 Stücke:

Für den Biskuitteig:
4 Eier, 200 g Zucker, 1 Päckchen Vanillearoma, 4 EL heißes Wasser
50 g Mehl, 125 g Speisestärke
2 gestrichene TL Backpulver
20 g Kakaopulver

Für die Creme:
300 g Himbeeren, 75 g Zucker
Saft von einer Zitrone, 10 Blatt Gelatine
300 g Schmand, 600 ml süße Sahne

Für die Dekoration:
300 g süße Sahne, 1 Päckchen Sahnesteif, Zucker nach Geschmack
75 g leicht geröstete Mandelblättchen
1 Becher Vollmilchglasur
1 Becher Vanilleglasur

1. Die Eier mit dem Zucker, dem Vanillezucker und dem Wasser in einer Schüssel schaumig schlagen. Das Mehl mit der Speisestärke, dem Backpulver und dem Kakao vermischen, auf die Eicreme sieben und unterheben.

2. Den Teig in eine mit Backpapier ausgelegte Springform (26 cm Durchmesser) füllen, glatt streichen und im auf 180 °C vorgeheizten Backofen ca. 30 Minuten backen, herausnehmen und erkalten lassen.

3. Den Biskuitboden dreimal waagerecht durchschneiden. Die Oberfläche des oberen Bodens gerade schneiden. Den unteren Tortenboden auf eine Tortenplatte legen und mit einem Tortenring umschließen.

4. Die Himbeeren verlesen, waschen mit dem Zucker und dem Zitronensaft in einem Topf

Schokoladen-Himbeer-Torte

erwärmen und die Beeren mit einer Gabel zerdrücken. Die gut gewässerte, ausgedrückte Gelatine darin auflösen. Das Ganze vom Herd nehmen und erkalten lassen. Kurz vor dem Festwerden den Schmand unterrühren und die steif geschlagene Sahne unterheben.

5. Ein Drittel der Creme auf den Tortenboden streichen. Den zweiten Boden darauflegen, ein weiteres Drittel der Creme daraufgeben und glatt streichen. Den dritten Boden darauflegen und mit dem letzten Drittel der Creme bestreichen. Mit dem letzten Tortenboden abdecken und die Torte im Kühlschrank – am besten über Nacht – durchkühlen lassen.

6. Anschließend die Torte aus dem Kühlschrank nehmen und den Tortenring entfernen. Die Sahne mit dem Sahnesteif steif schlagen, mit Zucker nach Geschmack süßen und den Tortenrand damit bestreichen. Den Rand mit den Mandelblättchen bestreuen.

7. Den dunklen und den hellen Tortenguss nach Packungsanweisung schmelzen, zuerst den dunklen Guss auf der Torte verstreichen und anschließend den hellen Guss dekorativ in den dunklen Guss einrühren.

8. Den Guss vollständig auskühlen lassen und die Torte bis zum Verzehr kühl stellen.

Lila Heidelbeertorte

Für 16 Stücke:

1 Lage Wiener Boden (Fertigprodukt), 50 g Heidelbeermarmelade
Für die weiße Creme:
Saft von 1 Zitrone
75 g Zucker, 2 EL Wasser
7 Blatt Gelatine
300 g Zitronenjoghurt
300 ml süße Sahne
Für die rosa Creme:
150 ml Heidelbeersaft
50 g Zucker, 100 ml Wasser, 7 Blatt Gelatine
300 g Joghurt
300 ml süße Sahne
Außerdem:
125 g Heidelbeeren
200 ml Heidelbeersaft
25 g Zucker
2 Blatt Gelatine

1. Biskuit auf eine Tortenplatte legen, mit der Marmelade bestreichen und mit einem Tortenring umschließen.

2. Zitronensaft, Zucker und Wasser erhitzen. Die gewässerte Gelatine darin auflösen, vom Herd nehmen und erkalten lassen. Vor dem Festwerden den Zitronenjoghurt und die steif geschlagene Sahne unterheben. Die Creme auf dem Boden verstreichen.

3. Heidelbeersaft, Zucker und Wasser erhitzen, die gewässerte Gelatine darin auflösen, vom Herd nehmen und erkalten lassen. Vor dem Festwerden den Joghurt und die steif geschlagene Sahne unterheben. Creme in einen Spritzbeutel füllen und Tupfen in die Zitronencreme spritzen. Die Torte auskühlen lassen.

4. Heidelbeeren auf der Torte verteilen. Saft und Zucker erhitzen, gewässerte Gelatine darin auflösen, auf den Kuchen geben und festwerden lassen.

Melonentarte

Für 16 Stücke:

Für den Mürbeteig:
200 g Weizenmehl
1 Eigelb, 120 g Zucker
1 Päckchen Zitronenaroma, 120 g Butter
Fett zum Ausfetten
Semmelbrösel zum Ausstreuen, 50 g gemahlene Haselnüsse

Außerdem:
1 Melone, Saft von
1 Zitrone, 50 g Zucker
200 g Schmand
75 g Zucker, 1 Ei, 1 Päckchen Vanillepudding
200 ml süße Sahne
2 Blatt weiße Gelatine
Melonenkugeln und Zitronenmelisseblättchen zum Garnieren, Puderzucker zum Bestäuben

1. Teigzutaten verkneten und durchkühlen lassen. Teig ausrollen, in eine gefettete und mit Bröseln ausgestreute Springform (26 cm Durchmesser) legen und dabei einen 3 cm hohen Rand formen. Nüsse darüberstreuen.

2. Aus dem Fruchtfleisch der Melone Kugeln ausstechen und bereit stellen. 250 g Melone, Zitronensaft und Zucker pürieren. Das restliche Fruchtfleisch klein schneiden und auf den Nüssen verteilen. Schmand, Zucker, Ei, Puddingpulver und Sahne verrühren und auf die Torte geben. Die Tarte im auf 180 °C vorgeheizten Ofen 50 Minuten backen. Herausnehmen erkalten lassen und auf eine Tortenplatte setzen.

3. Melonenmus erwärmen und die gewässerte Gelatine darin auflösen. Auf den Kuchen geben und fest werden lassen. Den Kuchen mit den Melonenkugeln und Melisseblättchen garnieren und mit Puderzucker bestäuben.

Melonen-Schoko-Torte

Für 16 Stücke:

Für die Biskuitmasse:
4 Eier, 2 EL Wasser, 120 g Zucker
100 g Weizenmehl, 75 g Speisestärke
10 g Kakaopulver
2 gestrichene TL Backpulver

Für die Creme:
1 Cavaillon-Melone, 50 g Zucker
12 Blatt weiße Gelatine
Saft von 1 Zitrone, 75 g Zucker
3 EL Wasser, 300 g Naturjoghurt
500 ml süße Sahne

Außerdem:
300 ml süße Sahne, 3 Päckchen
Sahnesteif, Zucker nach Geschmack
50 g Schokoladenglasur
50 g Schokoladenraspeln
Melonenstückchen zum Garnieren

1. Eier mit Wasser und Zucker schaumig schlagen. Weizenmehl mit Speisestärke, Kakaopulver und Backpulver vermischen, auf die Eicreme sieben und unterheben.

2. Den Teig in eine mit Backpapier ausgelegte Springform (26 cm Durchmesser) füllen, glatt streichen und im auf 180–200 °C vorgeheizten Backofen 30 Minuten backen.

3. Den Boden aus dem Backofen nehmen, erkalten lassen und einmal waagerecht durchschneiden. Den oberen Boden gerade schneiden. Den unteren Boden auf eine Tortenplatte setzen und mit einem Tortenring umschließen.

4. Die Melone halbieren, entkernen, in Schnitze schneiden, die Schale vom Fruchtfleisch schneiden, einige Stücke Fruchtfleisch in Scheiben schneiden und bereitstellen.

5. Das restliche Fruchtfleisch mit dem Zucker pürieren und in einem Topf leicht erwärmen. Fünf Blatt gut gewässerte, ausgedrückte Gelatine im warmen Melonenmus auflösen, vom Herd nehmen und bereitstellen.

6. Zitronensaft mit Zucker und Wasser aufkochen lassen. Die restliche gewässerte Gelatine darin auflösen, vom Herd nehmen und erkalten lassen. Vor dem Festwerden den Joghurt unterrühren und die steif geschlagene Sahne unterheben.

7. Die Creme auf den Tortenboden streichen, das Melonenmus darauf verteilen, mit einem Esslöffel ein Muster einziehen. Die Creme glatt streichen und den zweiten Boden darauflegen. Die Torte im Kühlschrank – am besten über Nacht – vollständig durchkühlen lassen.

8. Die Torte aus dem Kühlschrank nehmen und den Tortenring entfernen. Die Sahne mit dem Sahnesteif steif schlagen, mit Zucker nach Geschmack süßen und die Torte damit einstreichen.

9. Die Schokoladenglasur nach Packungsanweisung schmelzen, in ein Spritztütchen geben und auf die Torte dressieren. Die Torte rundherum mit Schokoladenraspeln bestreuen, mit den restlichen Melonenstücken garnieren und bis zum Verzehr kühl stellen.

53 Sonntagstorten

52–53

Sonntagstorten

Für 16 Stücke:

Für die Biskuitmasse:
5 Eier, 200 g Zucker, 1 Päckchen Vanillezucker, 125 g Weizenmehl, 125 g Speisestärke, 3 gestrichene TL Backpulver
25 g gemahlene Haselnüsse

Für die Creme:
150 ml Milch, je 125 g Nussnugat und Marzipanrohmasse
6 Blatt weiße Gelatine
400 ml süße Sahne
50 g gemahlene Haselnüsse

Außerdem:
150 g Aprikosenmarmelade
125 g Marzipanrohmasse
125 g Nussnugat, 1 EL Puderzucker
100 g Haselnusskrokant

1. Eier, Zucker und Vanillezucker schaumig schlagen. Mehl, Speisestärke und Backpulver vermischen, auf die Eicreme sieben und mit den gemahlenen Haselnüssen unterheben. Den Teig in eine mit Backpapier ausgelegte Springform (26 cm Durchmesser) füllen, glatt streichen und im auf 180–200 °C vorgeheizten Backofen ca. 35 Minuten backen.

2. Den Boden aus dem Ofen nehmen und erkalten lassen. Den Boden zweimal waagerecht durchschneiden und die Oberfläche des oberen Bodens gerade schneiden. Den unteren Tortenboden auf eine Tortenplatte legen und mit einem Tortenring umschließen.

3. Milch erwärmen. Nugat und Marzipanrohmasse dazugeben und solange rühren bis sich alles aufgelöst hat. Gewässerte Gelatine darin auflösen, vom Herd nehmen und erkalten las-

Nugat-Marzipan-Nusstorte

sen. Vor dem Festwerden die geschlagene Sahne und die Haselnüsse unterziehen.

4. Die Hälfte der Creme auf den Tortenboden streichen. Den zweiten Boden darauflegen, die restliche Creme darauf glatt streichen und den letzten Boden daraufsetzen. Die Torte im Kühlschrank vollständig durchkühlen lassen.

5. Die Torte aus dem Kühlschrank nehmen. Die Marmelade erhitzen und den oberen Boden mit Marmelade bestreichen.

6. Die Marzipanrohmasse mit Puderzucker verkneten und dünn ausrollen. 16 Blüten ausstechen, die Enden der Blüten zusammendrücken und die Blüten bereitstellen. Das restliche Marzipan wieder zusammenkneten, zu einem Kreis (26 cm Durchmesser) ausrollen und auf den Marmeladenbiskuit legen.

7. Restliches Nugat im Wasserbad schmelzen lassen, auf den Marzipandeckel streichen und im Kühlschrank erneut erkalten lassen.

8. Den Tortenring entfernen. Den Rand der Torte mit der restlichen Marmelade bestreichen, mit dem Krokant rundherum bestreuen, die Marzipanblüten auf die Torte legen und die Torte bis zum Verzehr kühl stellen.

Kirsch-Haselnuss-Torte

Für 16 Stücke:

2 Lagen Wiener Boden (Fertigprodukt)
Für die Creme:
1 Dose Kaiserkirschen
1 Päckchen Vanillezucker
2 cl Kirschwasser
9 Blatt weiße Gelatine
250 g Quark
600 ml süße Sahne
Außerdem:
50 g gemahlene Haselnüsse
200 ml süße Sahne
1 Päckchen Sahnesteif
Zucker nach Geschmack
14 Kaiserkirschen

1. Den unteren Boden auf eine Tortenplatte setzen und mit einem Tortenring umschließen.

2. Kirschen abgießen und 150 ml Kirschsaft abmessen. Saft mit Vanillezucker erwärmen und das Kirschwasser unterrühren.

3. Die gewässerte Gelatine im warmen Kirschsaft auflösen, vom Herd nehmen und erkalten lassen. Vor dem Festwerden Quark und steif geschlagene Sahne unterheben.

4. Ein Drittel der Creme mit den Kirschen mischen und als Kuppel auf den unteren Boden geben. Den zweiten Boden auflegen mit der restliche Creme bestreichen. Die Torte durchkühlen lassen.

5. Den Tortenring entfernen und die Torte mit Haselnüssen bestreuen. Sahne mit dem Sahnesteif steif schlagen, mit Zucker süßen und auf die Torte dressieren. Mit Kirschen garnieren und bis zum Verzehr kühl stellen.

Cappuccino-Torte

Für 16 Stücke:

Für den Rührteig:
175 g Butter, 175 g Zucker
1 Päckchen Vanillezucker
4 Eier, 125 g Weizenmehl
100 g Speisestärke
1 TL Backpulver
2 TL Instant-Kaffeepulver
Fett für die Form

Außerdem:
600 ml süße Sahne
3 Päckchen Sahnesteif
Zucker und Vanillezucker nach Geschmack
1 TL Kakaopulver, 50 g Amarettini, Kakaopulver und Puderzucker zum Bestäuben, Kaffeebohnen zum Garnieren

1. Butter, Zucker und Vanillezucker schaumig schlagen. Eier nach und nach unterrühren. Mehl, Speisestärke und Backpulver auf die Eimasse sieben und mit dem Kaffeepulver unterrühren.

2. Eine Springform ausfetten, den Teig einfüllen und glatt streichen. Den Kuchen im auf 180 °C vorgeheizten Backofen 30 Minuten backen. Boden erkalten lassen und mit einem Tortenring umlegen.

3. Die Sahne mit dem Sahnesteif steif schlagen, mit Zucker und Vanillezucker nach Geschmack süßen. Ein Drittel Sahne abnehmen und das Kakaopulver unterziehen. Kakaosahne in Tupfen an den Rand der Torte spritzen.

4. Zwei Drittel der Vanillesahne darauf glatt streichen. Tortenring entfernen. Torte mit Kakaopulver bestäuben. Restliche Sahne in einen Spritzbeutel füllen und Tupfen aufspritzen. Mit Amarettini belegen, mit Puderzucker bestäuben, die Kaffeebohnen darauflegen und bis zum Verzehr kühl stellen.

Erdbeer-Prosecco-Torte

Für 16 Stücke:

Für die Biskuitmasse:
2 Eier, 125 g Zucker, 1 Päckchen Zitronenaroma, 50 g Weizenmehl, 50 g Speisestärke, 1 gestrichene TL Backpulver

Für die Zitronensahne:
Saft von 1 Zitrone, 2 EL Wasser
50 g Zucker, 4 Blatt weiße Gelatine
400 ml süße Sahne

Für den Guss:
600 ml Prosecco, 100 g Zucker, 1 Päckchen Vanillezucker, 7 Blatt Gelatine

Außerdem:
700 g Erdbeeren, Erdbeeren zum Garnieren, Puderzucker zum Bestäuben

1. Die Eier mit dem Zucker und den Zitronenaroma in eine Schüssel geben und schaumig schlagen. Das Weizenmehl mit der Speisestärke und dem Backpulver vermischen, auf die Schaummasse sieben und unterheben.

2. Die Masse in eine mit Backpapier ausgelegte Springform (26 cm Durchmesser) geben, glatt streichen und im auf 180 °C vorgeheizten Backofen 25 Minuten backen.

3. Den fertig gebackenen Boden aus dem Backofen nehmen, erkalten lassen, aus der Springform nehmen, auf der Oberfläche gerade schneiden, den Boden auf eine Tortenplatte geben und mit einem Tortenring umschließen.

4. Für die Zitronensahne Zitronensaft, Wasser und Zucker zum Kochen bringen. Die gut gewässerte, ausgedrückte Gelatine in dem noch warmen Zitronensaft auflösen, vom Herd nehmen und erkalten lassen.

5. Kurz vor dem Festwerden die geschlagene Sahne unterheben, die Hälfte der Sahne auf den Tortenboden geben und glatt streichen. Die restliche Sahne in eine Schüssel geben, Torte und Sahne in den Kühlschrank stellen und vollständig durchkühlen lassen.

6. Prosecco mit Zucker und Vanillezucker in einem Topf erwärmen, die gut gewässerte, ausgedrückte Gelatine darin auflösen, die verlesenen, gewaschenen und in Stücke geschnittenen Erdbeeren in den Prosecco geben und das Ganze auskühlen lassen.

7. Kurz vor dem Festwerden die Erdbeeren mit dem Proseccoguss auf die Zitronensahne geben und im Kühlschrank vollständig durchkühlen lassen.

8. Die Torte aus dem Kühlschrank nehmen und den Tortenring entfernen. Aus der restlichen Zitronensahne mit einem Esslöffel Nocken abstechen und diese mit den verlesenen, gewaschenen Erdbeeren dekorativ auf die Torte setzen. Die Erdbeer-Prosecco-Torte mit Puderzucker bestäuben und bis zum Verzehr kühl stellen.

59 Sonntagstorten

Register

Apfel-Portwein-Torte — 15

Baisertorte mit gemahlenen Mandeln — 12
Birnen-Eierlikör-Torte — 39

Cappuccino-Torte — 57

Erdbeer-Cocktail-Torte — 27
Erdbeer-Himbeer-Sahne — 36
Erdbeer-Joghurt-Traum — 18
Erdbeer-Marzipan-Kuchen — 33
Erdbeer-Prosecco-Torte — 58
Erdbeer-Rhabarber-Torte — 28
Erdbeer-Sahne-Torte — 26
Erdbeergeleetorte mit Baiser — 32
Erdbeertorte mit Schokoboden — 24
Erdbeertorte, gedeckte — 22

Heidelbeertorte, lila — 50

Johannisbeer-Baiser-Kuchen — 42
Johannisbeertorte — 44

Kirsch-Haselnuss-Torte — 56
Kirschkuchen, Baskischer — 38
Kirschtorte, Schwarzwälder — 21

Melonen-Schoko-Torte — 52
Melonentarte — 51

Nugat-Birnen-Torte — 14
Nugat-Marzipan-Nusstorte — 54
Nusstorte mit Kirschen — 40

Rhabarberkuchen mit Mürbeteiggitter — 45
Rhabarbertorte — 30

Schokoladen-Himbeer-Torte — 48
Spiegelei-Torte mit Pfirsichen — 20
Stracciatella-Erdbeertorte mit Mandeln — 16

Vanillecremetorte mit Himbeeren — 34

Walnusstorte, festliche — 10

Zitronentorte mit Pistazien — 46

Genehmigte Lizenzausgabe für BuchVertrieb Blank GmbH, 85256 Vierkirchen-Pasenbach, **www.buchvertrieb-blank.de**, © 2011

Die Verwertung der Texte und Bilder, auch auszugsweise, ist ohne Zustimmung des Verlages urheberrechtswidrig und strafbar. Das gilt auch für Vervielfältigungen, Übersetzungen, Mikroverfilmungen und für die Verarbeitung mit elektronischen Systemen. Die Ratschläge in diesem Buch wurden von Herausgeber und Verlag sorgfältig erwogen und geprüft, dennoch kann eine Garantie nicht übernommen werden. Eine Haftung des Herausgebers bzw. des Verlages und seiner Beauftragten für Personen-, Sach- und Vermögensschäden ist ausgeschlossen.

ISBN 978–3–937501–58–1